Bibliografische Information der Deutschen Nationalbibliothek:

Die Deutsche Bibliothek verzeichnet diese Publikation in der Deutschen National-
bibliografie; detaillierte bibliografische Daten sind im Internet über http://dnb.d-
nb.de/ abrufbar.

Impressum:

Copyright © 2017 GRIN Verlag
Druck und Bindung: Books on Demand GmbH, Norderstedt Germany
ISBN: 9783346168924

Dieses Buch bei GRIN:

https://www.grin.com/document/541139

Riccarda Jung

Kommunikation und Führung. Teamentwicklung und Konfliktarten

GRIN Verlag

GRIN - Your knowledge has value

Der GRIN Verlag publiziert seit 1998 wissenschaftliche Arbeiten von Studenten, Hochschullehrern und anderen Akademikern als eBook und gedrucktes Buch. Die Verlagswebsite www.grin.com ist die ideale Plattform zur Veröffentlichung von Hausarbeiten, Abschlussarbeiten, wissenschaftlichen Aufsätzen, Dissertationen und Fachbüchern.

Besuchen Sie uns im Internet:

http://www.grin.com/

http://www.facebook.com/grincom

http://www.twitter.com/grin_com

Einsendeaufgabe

Modell von Hersey und Blanchard

Konfliktarten und Lösungsstrategien

Teamentwicklungs-Workshop und Teamphasen

Per Einschreiben am 02. Januar 2018 abgegeben.

SRH Fernhochschule

Modul:	Kommunikation und Führung
Studiengang:	Wirtschaftspsychologie
Semester:	3. Semester
Thema:	Aufgabe A (Gültig bis: 31.12.2018)

von

Riccarda Jung

Inhaltsverzeichnis

Aufgabenstellung

A1 (30 P, 3-4 Seiten)

Erläuterung Modell von Hersey und Blanchard, Diskussion drei konkreter Anwendungshinweise für Führungskräfte

A2 (30 P, 4-5 Seiten)

Erläuterung drei Konfliktarten, jeweiliges Beispiel in einem wörtlichen Dialog, Skizzierung einer jeweiligen Strategie

A3 (40 P, 6-8 Seiten)

Teamentwicklungs-Workshop draußen, Beobachtung Teamphase, Erstellung Beobachtungsbogen mit strukturierenden Fragen

Abbildungsverzeichnis

1. A 1 – Blanchard und Hersey

Nach situationstheoretischen Ansätzen folgt Führungserfolg aus der Passung individueller Verhaltensstile auf Anforderungen der Situation. Das Reifegradmodell oder Vier-Felder-Modell wurde von Hersey und Blanchard, basierend auf den Führungsstildimensionen Mitarbeiter- und Aufgabenorientierung, entwickelt und um den Reifegrad des Mitarbeiters als Dimension erweitert. Der Reifegrad des Mitarbeiters ergibt sich aus der jeweiligen Motivation und der Kompetenz[1]. Hersey und Blanchard haben vier Reifegrade unterschieden. Für den Reifegrad 1 haben sie eine schwach ausgeprägte Arbeitsreife und persönliche Reife definiert. Ab Reifegrad 2 kommt die Motivation hinzu. Bei Reifegrad 3 ist nun die Arbeitsreife vorhanden, aber die Motivation wieder schwach. Ab Reifegrad 4 ist nun die Arbeits- sowie die persönliche Reife hoch ausgeprägt[2]. Je nach Ausprägung der Dimensionen lassen sich dann wiederum vier Mitarbeitertypen definieren, zu welchen unterschiedliches Führungsverhalten empfohlen wird. Hierzu mehr in Abbildung 1 und auf Seite 5 und 6.

Nach diesem Modell ist ein **aufgabenorientierter Führungsstil** für unmotivierte und wenig kompetente Mitarbeiter, also Mitarbeiter mit einem niedrigen Reifegrad, sinnvoll[3]. Die Aufgabenbezogenheit gibt an, wie sehr die Führungskraft einseitig bestimmt, was der Mitarbeiter zu tun hat. Stark aufgabenbezogen bedeutet beispielsweise, dass die Führungskraft bis ins kleinste Detail vorgibt, was, wann, wozu, wie, womit und warum etwas zu tun ist. Wenig aufgabenbezogen bedeutet hingegen, dass Aufgaben lediglich delegiert werden, ohne diese weiter zu kommentieren[4]. Ein **mitarbeiterorientierter Stil** ist bei motivierten und kompetenten Mitarbeitern mit einem hohen Reifegrad angemessen[5].

---

[1] Vgl. Hersey u. Blanchard (1977) zitiert nach Kauffeld (2014), S. 76 f
[2] Vgl. Hersey u. Blanchard (1977) zitiert nach Arenberg (2016), S. 81
[3] Vgl. Hersey u. Blanchard (1977) zitiert nach Kauffeld (2014), S. 76 f
[4] Vgl. Hersey u. Blanchard (1977) zitiert nach Achtnich (unbekannt), S. 1
[5] Vgl. Hersey u. Blanchard (1977) zitiert nach Kauffeld (2014), S. 76 f

Die Mitarbeiterbezogenheit gibt an, inwieweit die Führungskraft wechselseitiger Kommunikation den Mitarbeiter motiviert. Stark mitarbeiterbezogenes Verhalten ist beispielsweise, dass viele Gespräche, viel Lob, viel menschliche Unterstützung und Hilfestellung ausgeprägt ist. Weniger stark ausgeprägt mitarbeiterbezogenes Verhalten ist, wenn die genannten Punkte nur in abgeschwächter Form auftreten[6]. Die folgende Abbildung zeigt, welche vier Führungsstile bzw. Verhaltensstile sich aus dem situationsbezogenen Modell von Hersey und Blanchard ableiten lassen:

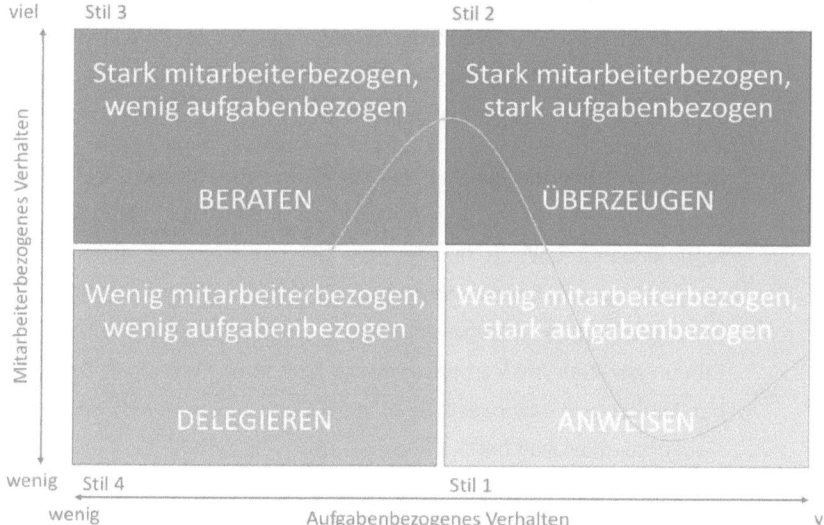

Abbildung 1 - Modell des situativen Führens (nach Hersey/Blanchard), vgl. Achtnich S. 3, eigene Darstellung

Der primär aufgabenorientierte Stil 1 ‚Anweisen oder Informieren', wird bei weder fähigen noch lernbereiten Mitarbeitern eingesetzt. Hier ist es am sinnvollsten durch klare Anweisungen, gezielte Informationen und Unterweisung eine sichere Basis zu schaffen, auf der der Mitarbeiter aufbauen kann. Der sowohl mitarbeiter- als auch aufgabenorientiere Stil 2 ‚Überzeugen' sollte angewandt werden, wenn der Mitarbeiter erfahrener/ besser eingearbeitet ist und durch erste Erfolgserlebnisse motiviert ist. Hier muss die Führungskraft zwar immer noch[7]

---

[6] Vgl. Hersey u. Blanchard (1977) zitiert nach Achtnich (unbekannt), S. 2
[7] Vgl. Hersey u. Blanchard (1977) zitiert nach Achtnich (unbekannt), S. 7f

Informationen geben, damit der Mitarbeiter weiter seine Kompetenzen ausbauen kann, dennoch sollte er den Mitarbeiter überzeugen und animieren. Der primär mitarbeiterorientierte Stil 3 ‚Beraten' wird bei weitgehend fähigen, aber dennoch nur mäßig motivierte oder verunsicherten, Mitarbeitern angewandt. Nun kann sich die Führungskraft mit Informationen und Anweisungen zurückziehen, muss aber stark motivierend agieren. Der Mitarbeiter sollte in die Durchführung und bei der Entscheidungsfindung mit einbezogen werden sowie selbstständige Gespräche mit Kunden führen und dabei beobachtet werden. Der weder aufgaben- noch mitarbeiterbezogene Stil 4 ‚Delegieren' wird schließlich eingesetzt, wenn der Mitarbeiter sowohl fähig als auch stark motiviert ist. Nun muss die Führungskraft nur noch die zu erledigende Aufgabe sowie die damit verbundene Kompetenz delegieren[8].

Konkrete Anwendungshinweise für Führungskräfte sind bei Mitarbeitern mit geringen Reifegrad zu diktieren und zu lenken, bei mäßigem Reifegrad zu argumentieren und zu überzeugen, bei mäßigem bis hohem Reifegrad zu ermutigen und einzubeziehen und bei hohem Reifegrad zu delegieren und zu bevollmächtigen. Zusammenfassend empfehlen Hersey und Blanchard Führungskräften ihre Verhaltensweisen bzw. ihren Führungsstil an den Reifegrad des Mitarbeiters anzupassen und den Stil erst zu verändern, wenn sich auch der Reifegrad entwickelt hat[9].

Das Modell von Hersey und Blanchard ist nicht das ‚Non-plus-ultra' und wird auch nicht das letzte Modell zum Thema Führen sein[10]. Dieses Modell wird gerne in der Praxis angewandt, jedoch wird es von der Wissenschaft eher als naive Alltagstheorie dargestellt. Dabei wird kritisiert, dass die theoretische Fundierung, also dass empirische Belege fehlen, und die Messverfahren unzuverlässig sind[11].

[8] Vgl. Hersey u. Blanchard (1977) zitiert nach Achtnich (unbekannt), S. 4 f
[9] Vgl. Hersey u. Blanchard (1977) zitiert nach Kauffeld (2014), S. 76 f
[10] Vgl. Hersey u. Blanchard (1977) zitiert nach Achtnich (unbekannt), S. 1
[11] Vgl. Wegge u. Rosentiel (2004); Wunderer (2000); Neuberger (2002) zitiert nach Kauffeld (2014), S. 76 f

2. A 2 – 3 Konfliktarten

Auf den folgenden Seiten werden drei Arten an Konflikten, der soziale Konflikt, der Beurteilungskonflikt und der Rollenkonflikt sowie die Strategie zur Konfliktregulierung bzw. –Bewältigung benannt. Ein **sozialer Konflikt** ist nach Balint Balla eine Auseinandersetzung zwischen zwei oder mehreren Individuen oder Gruppen (Organisationen, Staaten usw.)[12]. Nach Ralf Zoll zufolge sind soziale Konflikte gesellschaftliche Tatbestände, die auf die Unterschiede in der sozialen Lage und/oder in den Interessen der Konfliktparteien liegen[13]. Ein Beispiel hierfür ist die folgende Situation. Auf der Einkaufsstraße in Frankfurt geht eine gut bekleidete Frau an einen Geldautomat zum Geldabheben und anschließend einen Bogen um den Bettler, der neben dem Geldautomat mit einem Becher sitzt, geht. Der Bettler ruft zu der Frau ‚Du Geizhals' woraufhin die Frau mit ‚Faulpelz' antwortet und weiter geht. Der Bettler und die Passantin sind in dieser Situation soziologisch gesehen zwei verschiedene Parteien. Ihre wirtschaftliche und soziale Lage sind unterschiedlich, da die eine Person genügend Geld auf Ihrem Konto und der andere nur die Cent in seinem Becher besitzt. Ebenso haben diese Personen verschiedene Interessen, da der Bettler sich von der Frau Zuwendung erhofft und die Frau diese ihm nicht geben möchte. Dies ist bereits an dem unfreundlichen Wortwechsel zu erkennen[14].

Ein **Beurteilungskonflikt** oder Wahrnehmungskonflikt ist die unterschiedliche Beurteilung bzw. Wahrnehmung einer gemeinsam erlebten Situation. Es besteht Uneinigkeit über die Wege, die zum gleichen Ergebnis führen sollen[15]. Ein Beurteilungskonflikt kann durch die Gegebenheiten unterschiedlicher Informationen, Erfahrungen und Methoden verursacht werden. Folgende Situation soll einen Beurteilungskonflikt erläutern: das Verkaufsteam einer Firma soll mehr Kunden gewinnen. Das Ziel ist also klar. Das Teammitglied, dass bereits mehrere Jahre dabei ist, sagt: ‚wir machen das, wie wir es die ganze Zeit[16]

---

[12] Vgl. Imbusch (2006) zitiert nach Meyer und Glasl (2011), S. 27 f
[13] Vgl. Zoll (1996) zitiert nach Meyer und Glasl (2011), S. 28
[14] Vgl. Meyer und Glasl (2011), S. 27 f
[15] Vgl. Glasl (1999) und Berkel (1997) zitiert nach Jochum (2010), S. 110
[16] Vgl. Süss (2013), S. 1

gemacht haben, schließlich hat es so immer funktioniert'. Das neue Teammitglied hingegen sagt aber, dass ,neue Wege ausprobiert werden müssen, um neue Kunden zu erreichen. Wenn wir dieselbe Strategie fahren, ändert sich nichts'. Hier herrscht zwar Einigkeit über das Ziel, nicht aber darüber, wie es erreicht werden kann. Um beispielsweise in Unternehmen und Organisationen gezielt Beurteilungsfehler zu vermeiden, sollten Betriebsangehörige und Mitglieder regelmäßig und rechtzeitig über Entscheidungen und Veränderungen informiert werden, es sollten ausreichend Informationen mitgeteilt und Mitarbeiter zu Rate gezogen werden[17].

Als dritte Konfliktart wird nun der **Rollenkonflikt** erläutert. Ein Rollenkonflikt besteht beispielsweise bei folgender Situation. Der Chef des kleinen Meisterbetriebs ist nebenbei Vorsitzender des Fußballvereins im Ort. Er hat drei Mitarbeiter, wobei einer der Mitarbeiter der Stürmerstar der Mannschaft ist. Die Mannschaft ist gerade erst aufgestiegen, weshalb der Meister seinem Star auch Mal erlaubt früher Feierabend zu machen, damit er pünktlich ins Training kommt. Der Chef und Vorsitzende kommt nun in folgender Situation in einen Rollenkonflikt: seine zwei anderen Mitarbeiter sind krank, ein wichtiger Auftrag muss abgearbeitet werden und sein Mitarbeiter und Mannschaftsstar möchte wegen des wichtigen Trainings zwei Stunden früher Feierabend machen. Hierbei hilft es den Konflikt zu erklären, sodass die andere Person die Entscheidung nachvollziehen kann. Als Vereinschef sagt er zu seinem Spieler „natürlich musst du hin", aber als Meister muss er zu seinem Mitarbeiter sagen „ich kann dich leider nicht gehen lassen, ich brauche dich hier". Diese Entscheidung ist für seinen Mitarbeiter in seiner Rolle als Arbeitskraft verständlich, da er ebenso an dem Weiterbestehen seines Arbeitsplatzes und Verdienstmöglichkeit interessiert ist[18].

---

[17] Vgl. Süss (2013), S. 1
[18] Vgl. Pawlowski und Riebensahm (2003), S. 205 f

Abbildung 2 - Rollenkonflikt, eigene Darstellung

Um Konflikte im Unternehmen, wie bei dem Beispiel des Rollenkonflikts, zu bewältigen, müssen diese produktiv genutzt und aufgedeckt werden. Konflikte sind verdeckte Probleme, die es zu lösen gilt. Nur so kann ein Team arbeitsfähig bleiben und sich weiterentwickeln. Konfliktpotenziale können zur Teamentwicklung beitragen, da sich so das Team mit sich selbst beschäftigen muss. Es müssen Probleme nicht nur auf der Sachebene, wie Organisation und Ziele, geregelt werden, sondern auch auf der Beziehungsebene. Es geht bei einer Zusammenarbeit im Team nicht nur darum, was erreicht werden muss, sondern auch darum, wie zusammengearbeitet werden muss, um die Ziele zu erreichen (Beurteilungskonflikt). Nur so entsteht Vertrauen und Loyalität im Team. Konflikte lösen ist Teamarbeit[19].

Zur Konfliktlösung können verschieden Interventionen eingesetzt und miteinander kombiniert werden. Präventive (vorbeugende) und de-eskalierende Interventionen verfolgen das Ziel, Kommunikationsprobleme vorzubeugen, Informationsregeln zu vereinbaren und Kommunikationsmethoden zu trainieren. Präventiv, eskalierende Interventionen vermeiden beginnende Konflikte kalt werden zu lassen (Parteien verschweigen den Konflikt), indem Sorgen, Ängste und Unterstellungen gezielt an- und ausgesprochen werden. Kurativ, de-eskalierende Interventionen dienen der Streitschlichtung und kurativ, eskalierende Interventionen dienen dazu bei kalten Konflikten die Mitarbeiter zu ermutigen sich für Ihre Standpunkte einzusetzen. Je nach Situation müssen also unterschiedliche Interventionen zur Konfliktlösung angewendet werden[20].

---

[19] Vgl. Krüger (2015), S. 72
[20] Vgl. Meyer und Glasl (2011), S. 129 ff

Um Konflikte auf der Beziehungsebene zu lösen, sollten **Teamtrainings** herangezogen werden. Teamtrainings können beispielsweise tägliche Teammeetings oder ein ein- bis zweitägiger Workshop außerhalb des Unternehmens sein. Eine Möglichkeit ist die Nutzung eines **Teamklima** Trainings. Hier wird auf eine Pinnwand oder Flipchart ein Teambarometer (siehe Abbildung 3) gezeichnet. Die Teammitglieder sollen sich für einen Punkt, wie z.B. „verdeckt" entscheiden und ihre Entscheidung begründen. So werden Übereinstimmungen, Differenzen und Hintergründe offen besprochen. Der Teamtrainer moderiert die Übung und die Diskussion und notiert die gewünschten Veränderungen im Teamklima. Das Team wird aufgefordert die Maßnahmen, die zur Erreichung des gewünschten Klimas, gemeinsam zu erarbeiten. Mithilfe dieses Trainings kann die Teamsituation ermittelt, latente Störungen thematisiert und Änderungsbedarf ermittelt werden[21].

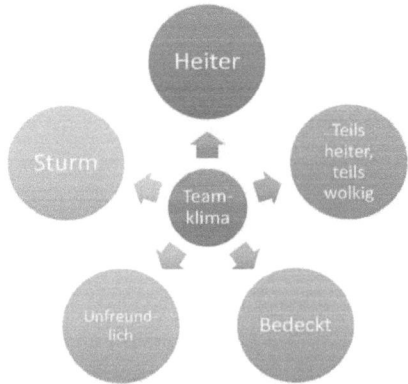

Abbildung 3 - Teambarometer, vgl. Krüger (2015) S. 75, eigene Darstellung

Ein weiteres Teamtraining ist das **Umgangsformen** Training. Dieses Training ist dann sinnvoll, wenn das Team unter akuten Auseinandersetzungen leidet und sich Mitglieder nicht wertschätzend behandelt fühlen. Weiterhin kann es auch nach einer Streitphase herangezogen werden, um aus den Fehlern zu lernen und für zukünftige Konfliktsituationen vorzubeugen. Hier wird geklärt, was im[22]

---

[21] Vgl. Krüger (2015), S. 72 ff
[22] Vgl. Krüger (2015), S. 76 ff

Umgang miteinander bisher schiefgelaufen sein könnte und welche Verhaltensspielregeln geltend gemacht werden sollen. Auf einer Pinnwand oder einem Flipchart wird hierzu ein Diagramm mit einer Y Achse „Wertschätzung" und mit einer X Achse ‚Offenheit' aufgezeichnet. Die Mitglieder sollen hier ihr Optimum an Teamzusammenarbeit anhand Beispielen benennen. Es sollen auch die Extremwerte erarbeitet werden. Es soll festgelegt werden, welches Maß an Wertschätzung zu sehr oberflächlich und für eine scheinbar friedlich-sorglose Fassade spricht und welches Maß an Offenheit verletzend wird. Das ausgewogene Verhältnis zwischen beiden Tendenzen soll als Basis der Teamarbeit in konkreten Verhaltensgrundsätzen festgehalten werden. Der Teamtrainer hat hier wieder die Rolle des Moderators und schreibt die festgelegten Spielregeln auf. Die Regeln sind von Team zu Team verschieden. Dennoch gibt es einige Verhaltensregeln, die für die meisten Teams geltend gemacht werden können[23].

Folgend werden einige exemplarisch aufgelistet:
- Jeder ist gleichermaßen für den Inhalt und Verlauf der Teamarbeit verantwortlich.
- Die Lösung der Probleme auf der Beziehungsebene hat immer Vorrang zu Sachthemen.
- Nach jedem Teammeeting werden noch offene Fragen gesammelt und aufgeschrieben.
- Der Teamleiter hat das Recht, wenn notwendig, ein Teammitglied zu ermahnen.
- Ein Teammitglied kann, wenn die Mehrheit der Teammitglieder dafür stimmt, aus dem Team ausgeschlossen werden[24].

---

[23] Vgl. Krüger (2015), S. 76 ff
[24] Vgl. Krüger (2015), S. 76 ff

3. A 3 – Beobachtungsbogen für den Teamentwicklungs- Workshop

Was bedeutet überhaupt Teamentwicklung und wieso braucht man Teamentwicklungsmaßnahmen?

Das Beste an Teams ist, dass sie ideale Strukturen sind, um Wissen zu generieren und auszutauschen, Leistungen zu fördern und die Zufriedenheit der Teammitglieder zu verbessern[25]. Leider arbeiten Teams aber nicht immer von Anfang einwandfrei zusammen. Neben der Möglichkeit das Team-Design zu beeinflussen, indem bereits bei der Teamzusammensetzung mögliche Effekte für Erfolgsmaße berücksichtigt werden, gibt es die Möglichkeit der Teamentwicklungsmaßnahmen. Ziel von Teamentwicklungsmaßnahmen ist es, teaminterne Prozesse zu optimieren, Probleme zu reduzieren, die Effizienz des Teams zu verbessern und entweder die Leistungsfähigkeit wieder herzustellen oder bei neuen Teams schnellstmöglich zur vollen Leistungsstärke zu gelangen. Bei diesen teambezogenen Interventionen, stehen soziale und aufgabenbezogene Prozesse innerhalb eines bereits bestehenden Teams im Mittelpunkt. Wie bereits genannt, kann ein Anlass zur Teamentwicklung ein neu formiertes Team sein[26].

Weiterhin können aber noch folgende Gründe Anlass sein:
- dem Team fehlen Regeln oder Strukturen
- es herrschen negative gruppendynamische Prozesse
- das Team arbeitet ineffektiv
- mangelnde Kommunikation hat zu Missverständnissen und somit zu Konflikten geführt

Nun stellt sich noch die Frage, wieso ein Outdoor-Training einem typischen Training oder Seminar in einem Hotelraum vorgezogen werden könnte? Der entscheidende Faktor hierbei ist nicht, dass es in freier Natur stattfindet und die Mitglieder körperlich aktiv sein müssen, sondern, dass die Teilnehmer ermutigt[27]

---

[25] Vgl. Tannenbaum (1996) zitiert nach Kauffeld (2014), S. 159
[26] Vgl. Comelli (2003) zitiert nach Kauffeld (2014), S. 159 f
[27] Vgl. Comelli (2009) zitiert nach Kauffeld (2014), S. 164

werden in einem anderen Kontext andere Verhaltensweisen zu zeigen, die im beruflichen Alltag nicht vorkommen. Bei einem Outdoor-Training stehen also eher gruppenbildende Wirkungen im Vordergrund, um das Wir-Gefühl im Team zu steigern. Dieser Vorteil wird jedoch auch oft als Kritikpunkt gesehen, da keine echten betrieblichen Vorfälle und Konflikte behandelt werden[28].

Um eine Gruppe nach der Teamphase beurteilen zu können, muss zuerst das theoretische Fundament gelegt werden. Im Folgenden werden die verschieden Phasen einer Gruppe während der Teamentwicklung definiert.

Ein Team, das neu zusammengestellt worden ist, durchläuft typischerweise verschiedene Teamphasen oder Entwicklungsphasen. Die drei Bereiche Inhalt, Gefühl und Prozess bestimmen dabei, wie gut ein Team später zusammen arbeitet[29]. Durch den Verlauf dieser Phasen kann aus der Gruppe von Personen ein arbeitsfähiges Team werden[30].

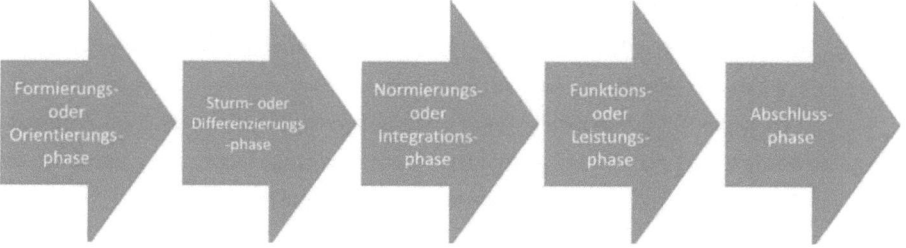

Abbildung 4 - die fünf Phasen der Gruppenentwicklung nach Werth, eigene Darstellung

---

[28] Vgl. Comelli (2009) zitiert nach Kauffeld (2014), S. 164
[29] Vgl. Tuckmann und Jensen (1977); Tuckmann (1965) zitiert nach Arenberg (2016), S. 62 f
[30] Vgl. Tuckmann (1965) zitiert nach Werth (2010), S. 26

In der **Formierungs- oder Orientierungsphase**, sind die Rollen und Erwartungen der einzelnen Mitglieder, sowie die Struktur und die Führung des Teams noch ungewiss. Es wird untereinander nach Gemeinsamkeiten, Unterschieden, Sympathien und Antipathien gesucht. Da eines der Mitglieder die Aufgabe der Koordinierung übernehmen muss, haben es formell eingesetzte Führungsrollen einfach, als Teamführer akzeptiert zu werden[31].

Hier werden Ziele, Methoden, der Zeitplan und die Organisation der Teamarbeit abgeklärt. Diese Phase kann auch als Kontaktphase bezeichnet werden[32].

Die anschließende **Sturm- oder Differenzierungsphase** ist die kritischste Phase der Gruppenbildung. Es kommen Meinungsverschiedenheiten, Dominanzansprüche und Koalitionen zwischen einzelnen Teammitgliedern zum Vorschein. Einzelne Mitglieder erlangen mehr Einfluss als andere und kämpfen um die Führungsposition. In dieser Testphase entscheidet es sich, ob sich eine klare Struktur bildet oder ob das Team getrennte Wege geht[33]. Nach Kauffeld kann in dieser Phase mit einer systematisch durchgeführten Teamdiagnose, welche eine Messung zwischen Ausgangssituation und dem Verhalten bzw. den Prozessen in der Folgezeit ermöglicht, die Teamentwicklung erfolgreich beendet werden. In der Praxis wird dies jedoch vorzugsweise zur Messung der Zufriedenheit mit der Teamentwicklungsmaßnahme eingesetzt[34].

In der **Normierungs- und Integrationsphase** festigen sich die Positionen, es bilden sich feste Gruppenstrukturen und es wird sich auf gemeinsame Werte und Einstellung geeinigt. Es wird der Meinungsführer akzeptiert, alle werden kooperativer und es wird sogar gemeinsam zu Mittag gegessen. Es entsteht ein Wir-Gefühl.

Anschließend folgt die **Funktions- und Leistungsphase**, auch Durchführungsphase genannt. Die gebildete Gruppenstruktur wird[35]

---

[31] Vgl. Werth (2010), S. 262
[32] Vgl. Arenberg (2016), S. 60 f
[33] Vgl. Werth (2010), S. 262 f, 264
[34] Vgl. Kauffeld (2014) zitiert nach Arenberg (2016), S. 61
[35] Vgl. Werth (2010), S. 263 f

durchgehend akzeptiert und kann sich nun der Aufgabenerfüllung widmen. Alle arbeiten zusammen und konzentriert, um das gemeinsame Ziel zu erreichen.

In der letzten Phase, der **Abschlussphase** oder Evaluationsphase, lösen sich diejenigen Gruppen auf, die für eine begrenzte Aufgabe, wie eine Projektarbeit, zusammen gekommen sind[36]. Die fünf Stufen *Forming, Storming, Norming, Performing und Adjourning* zeigen, dass sich ein Team entwickeln muss, bis es wirklich effizient Teamwork leisten kann. Dennoch ist zu beachten, dass es sich hier um eine Idealform handelt, die in der Praxis so meist nicht zu finden ist. Die Phasen können unterschiedlich stark ausgeprägt oder gleichzeitig durchlaufen werden. Zudem können die Übergänge zwischen den Phasen nicht immer unterschieden werden. Außerdem können fertig entwickelte Gruppen durch neu hinzukommende Teammitglieder zurück in die Sturmphase versetzt werden[37].

Warum werden Teams beobachtet? Teams werden beobachtet, um das Verhalten der Teammitglieder zu beschreiben, Ursachen für Störungen und negatives Verhalten zu ermitteln, den Sollzustand zu beschreiben und um den Mitgliedern Feedback geben zu können[38]. Aber welche Vorteile hat das Beobachten einer bestimmten Arbeitseinheit über einen ganzen Tag oder während eines Teamentwicklungs-Workshops? Solch eine Beobachtung wird auch prozessanalytisches Verfahren genannt und liefert wertvolle Einblicke in das Team. Beobachtungen haben einen hohen Informationswert, Detailgenauigkeit und lassen komplexe Phänomene und Gruppenstrukturen besser erfassen. Leider ist es sehr zeitaufwendig, bedarf vielen Ressourcen und ist oft nur nach intensiver Schulung anwendbar. Daher werden in der Praxis eher auf strukturanalytische Verfahren wie Fragebögen, zur Ermittlung des aktuellen Zustands des Teams, eingesetzt[39].

Wie beobachte ich ein Team? Bei der Teambeobachtung werden die Bereiche Integration, Bewältigung von Spannungen, Entscheidung, Kontrolle, Bewertung und Orientierung beobachtet. Zu jedem Bereich gibt es eine positive und[40]

---

[36] Vgl. Werth (2010), S. 263 f
[37] Vgl. Gersick (1988) zitiert nach Werth (2010), S. 264
[38] Vgl. Krüger (2015), S. 78 f
[39] Vgl. Kauffeld (2014), S. 162 f
[40] Vgl. Krüger (2015), S. 78 f

negative Verhaltensweise, die entsprechend das Team beeinflusst. Diese Verhaltenstendenzen der verschiedenen Faktoren werden zum Teil im anschließend dargestellten Fragebogen als Grundlage der formulierten Fragen verwendet. Der Faktor **Integration** lässt sich in die zwei Verhaltensweisen ‚Teammitglied zeigt Solidarität, bestärkt andere und ist hilfsbereit' und in ‚Teammitglied zeigt Feindseligkeit, mindert Status anderer und bringt sich zur Geltung' untergliedern. Bei der **Bewältigung von Spannung** zeigt das Mitglieder entweder Entspannung, lacht, macht Späße und zeigt sich zufrieden oder zeigt Spannung, verlangt nach Hilfe anderer und zieht sich zurück. Die **Entscheidung** kann einerseits durch das Verhalten er/sie zeigt Anerkennung, stimmt zu, teilt und bejaht gerne und befolgt Auffassungen anderer' oder durch ‚er/sie stimmt anderen nicht zu, ist nicht hilfsbereit, zeigt Ablehnung und formale Einstellung' zum Ausdruck gebracht werden. Bei der **Kontrolle** gibt er/sie entweder Empfehlungen, macht Vorschläge, erkennt die Autonomie anderer an und kommuniziert vorsichtig oder er/sie erfragt Empfehlungen und fragt nach Anleitung oder Verhaltensregeln. Bei dem Faktor **Bewertung** äußert er/sie Meinungen, bewertet, teilt analytische Befunde mit, zeigt Gefühle und äußert Wünsche oder erfragt die genannten Punkte. Der letzte Faktor ‚**Orientierung**' wird in das Verhalten ‚er/sie gibt Orientierung und Auskunft, wiederholt, informiert, klärt, erklärt und bestätigt' und ‚er/sie erfragt Orientierung, verlangt Auskunft, Bestätigung und Information'[41].

Welche Fragen lassen sich also aus dem zusammengetragenen theoretischen Wissen für den Beobachtungsbogen bei der Teamentwicklungsmaßnahme definieren? Folgend sind die eigenständig zusammengetragenen offenen Fragen aufgelistet.

Beobachtungsbogen	
Nr.	**Wie verhalten sich die Mitglieder gegenüber Ihren Kollegen?**
1	Wie begrüßen sich die Mitglieder? Vertrautes Umarmen oder seriöse Händeschütteln?

---

41 Vgl. Krüger (2015), S. 78 f

2	Wie vertraut wird kommuniziert? Vorsichtig und unsicher oder direkt und offen?
3	Wie sind die Umgangsformen? Wird sich gesiezt oder geduzt?
4	Wie treten die Mitglieder einem anderen gegenüber auf? Wie ist die Mimik, Gestik und Körpersprache?
5	Ist Körperkontakt untereinander befremdlich oder gewohnt?
6	Wie verhalten sich die Mitglieder in Gesprächen? Wenden Sie sich einander zu oder sind sie auf Abstand?
7	Wie wird sich unterhalten? Wie ist die Tonlage, Sprachtempo, Lautstärke und Tonfall?
8	Wie ist der Blickkontakt zwischen Gesprächspartnern? Wird sich tief in die Augen geschaut oder werden verlegen Objekte an fixiert?
9	Wie ist die Art und Weise wird sich unterhalten wird? Wie ist die Wortwahl, Ausdrucksweise und der Unterton (Ironie etc.)? Werden Witze erzählt?
10	Werden Gesprächsthemen nur unter zwei Augen besprochen ('getuschelt') oder erfährt immer die ganze Gruppe, worum es geht (offen, ehrlich)?
11	Werden auch private Themen besprochen, oder werden nur berufliche Themen besprochen?
12	Kennen sich die Mitglieder schon persönlich? Wird sich noch kennengelernt oder weiß man schon voneinander private Informationen und familiäre Verhältnisse?

13	Wie ist der erste Eindruck von der Gruppe? Wie ist die „Luft" in der Gruppe? Dick Luft oder entspannte Atmosphäre?
14	Wie ist die Stimmung in der Gruppe? Locker, es werden Witze erzählt un gelacht? Oder ist die Stimmung ernst?
15	Herrscht ein Konflikt? Handelt es sich um einen offenen oder um eine versteckten Konflikt?
16	Ist es ein heißer oder kalter Konflikt?
17	Wie ist die Gruppe aufgestellt? Gibt es unterschiedliche Charaktere? Passen d Persönlichkeiten zusammen? Herrscht Harmonie?
18	Haben die Mitglieder Empathie füreinander? Ist man einem anderen gegenüb einfühlsam und aufmerksam? Wird Lob und Anerkennung anderen gegenüb zum Ausdruck gebracht?
19	Wie einig sind sich die Mitglieder? Sind alle einer Meinung oder werde Diskussionen über Meinungsverschiedenheiten geführt?
20	Wie arbeiten die Mitglieder zusammen an einer Aufgabe? Kooperativ und flexib oder unstrukturiert und statisch?
21	Versuchen Mitglieder besser zu sein als andere und ihr eigenes Ding bei d Zielerreichung durchzuziehen (Einzelkämpfer)?
22	Oder zieht die Gruppe an einem Strang? Herrscht ein Wir-Gefühl?

23	Sind die gemeinsamen Ziele festgelegt und allen Gruppenmitgliedern gleichermaßen bekannt? Ist das Ziel von allen akzeptiert?
24	Ist auch der Weg, der zum gemeinsamen Ziel führen soll, bekannt? Sind sich alle einer Meinung, wie und mit welchen Mitteln ein Ergebnis erzielt werden soll?
25	Wird bereits an der Erreichung eines gemeinsamen Ziels gearbeitet?
26	Wie ist die Führungsposition geregelt? Strukturiert und ordnet einer die Gruppenaufgaben und den Ablauf?
27	Oder werden noch Machtkämpfe ausgetragen, wer die Gruppe führen wird?

Literaturverzeichnis

Achtnich, D. (achtnich associates gmbh, Hrsg.). (unbekannt). *Situatives Führen. Führungs-Modell von Hersey/Blanchard,* achtnich associates gmbh. Zugriff am 19.11.2017. Verfügbar unter http://www.achtnich.ch/typo3/Dokumentation.7.0.html

Arenberg, P. (2016). *Teamentwicklung. Kommunikation und Führung* (0533-05, 5. Auflage). Studienbrief. Riedlingen: SRH Fernhochschule.

Jochum, E. (2010). *Gesprächsführung und Moderation. Kommunikation und Führung* (0542-03, 3. Auflage). Studienbrief. Riedlingen: SRH Fernhochschule.

Kauffeld, S. (Hrsg.). (2014). *Arbeits-, Organisations- und Personalpsychologie für Bachelor. Mit 44 Abbildungen und 36 Tabellen* (Springer-Lehrbuch, 2., überarb. Aufl.). Berlin: Springer. https://doi.org/10.1007/978-3-642-42065-8

Krüger, W. (2015). *Teams führen* (Haufe TaschenGuide). Freiburg: Haufe-Lexware GmbH & Co. KG.

Meyer, B. & Glasl, F. (2011). *Konfliktregelung und Friedensstrategien. Eine Einführung* (Friedens- und Konfliktforschung, 1. Aufl.). Wiesbaden: VS Verlag für Sozialwissenschaften / Springer Fachmedien Wiesbaden GmbH Wiesbaden. https://doi.org/10.1007/978-3-531-92789-3

Pawlowski, K. & Riebensahm, H. (2003). *Konstruktiv Gespräche führen. Fähigkeiten aktivieren, Ziele verfolgen, Lösungen finden* (Fit für den Job, Bd. 60396, Orig.-Ausg., 3. Aufl.). Reinbek bei Hamburg: Rowohlt-Taschenbuch-Verl.

Süss, C. (2013). *Konfliktarten,* Kaufmann-werden.de. Zugriff am 19.11.2017. Verfügbar unter http://www.kaufmann-werden.de/wiki/konfliktarten

Werth, L. (2010). *Psychologie für die Wirtschaft. Grundlagen und Anwendungen* (Unveränd. Nachdr). Heidelberg: Spektrum Akad. Verl.